콜라병 속에는 개구리가 산다

열린시학 시인선 97

콜라병 속에는
개구리가 산다

김근열 시집

고요아침

■ 시인의 말

오늘도
내 시를 읽으며 절망한다.
도전하고 절망하고
죽을 때까지 도달하지 못하는 그런 곳이 있다는 것
썩 괜찮은 도전이자 절망이다.
첫 시집으로
내 시가 절망을 향해 한걸음 더 나아가길 바란다.

2013년 가을
김근열

| 차례 |

■ 시인의 말 _ 5

제1부

  파밭 _ 12
  압력, 밥통 _ 14
  담쟁이 _ 16
  새대가리로는 _ 18
  아내의 맨발 _ 20
  백발 _ 22
  군하리의 봄 _ 24
  멍 _ 26
  발레리나 _ 27
  시계소리 _ 28
  빗소리 _ 30
  절창 _ 31
  봄날에 베이다 _ 32
  가만히 몸 기울이면 _ 33
  숲 속의 우주여행 _ 34
  손님 _ 36
  범종소리 _ 38
  풍경을 말리다 _ 39
  물소리 _ 40
  뿌리 _ 42
  아내의 앞치마 _ 44
  징검다리 _ 46

그리운 풍경 _ 48
기도하는 들판 _ 50
구두 발자국 _ 52
빛살 _ 54
詩집 속을 걷다 _ 56
장마 _ 58
강아지풀 _ 60
여백餘白 _ 61

제2부

양파를 벗기며 _ 64
엄마 _ 66
입병 _ 68
초인종 _ 70
죽도 회시장 _ 72
이불 _ 74
곰보 _ 76
석양 _ 78
벚꽃 같은 아내 _ 79
책 읽는 女子 _ 82
그녀는 트램폴린처럼 _ 84
하품 _ 86

먼지 _ 88

위안慰安 _ 90

개구리울음 _ 92

귀뚜라미 울음 _ 94

거울 _ 96

정의란 무엇인가 _ 98

달팽이 _ 99

맨드라미와 애인과 꽃뱀 _ 100

들고양이 _ 102

도토리 _ 104

제3부

가을 속으로 _ 106

낙엽 _ 108

동백印章 _ 110

반짝반짝 구둣발 소리 _ 112

배밭을 걸으며 _ 114

벽 _ 116

벽 2 _ 118

벽 3 _ 120

불안증 _ 122

부이 buoy _ 124

엄동嚴冬 _ 126
폭설 전쟁 _ 128
해동解凍 _ 130
일기도를 읽다 _ 132
슬픈 시 _ 134
달무리를 풀어내면 _ 136
안개 _ 138
옥수수를 불면 _ 140
오늘 저녁에는 _ 142
해마루 식당에서 _ 144
반 토막 _ 146
사막 _ 148
중년의 만남 _ 150
두루미 _ 152

■ 해설 | 이지엽 _ 153
참신하고, 날카롭고, 약동적인 직선과 정신의 조화

제1부

파밭

파밭에 앉아
파를 가만히 바라보면
파 음계가 튀어나올 것만 같다
손가락으로 툭 튕기면 파
바람이 휙 지나가도 파
비가 내리쳐도 파
소리 날 것만 같다

파 끝을 모두 잘라내고
잘라낸 대롱 끝에 입을 오므려
후―욱 불면
파파파파파파파
파 소리가 파도처럼 밀려올 것만 같다

우울하고 슬픈 날엔
파밭에 앉아
그가 꼿꼿이 서서 하라는 대로
파―아

하고 큰 목소리로 한번 내질러봐라
콧등이 메케해질 것이다

압력, 밥통

무슨 이밥 같은 말씀들을 앙다물고 있는지
골똘히 무슨 생각에 잠겨있는지
우리 집 싱크대 한쪽 구석 가부좌 틀고
면벽수련 중인 밥통부처
우리에게 떠 먹여줄 한 숟갈 설법을 궁리 중인지
오늘도 아무 말이 없다
침묵이 설법인지 설법이 침묵인지
세상을 말없이 살라고 하는 것인지
산다는 것이 원래부터
침묵하며 내공을 쌓으라고 하는 건지
그도 깨달음을 얻었는지 문득 궁금해지는데
갑자기 머리통에서 한 김 뿜어내며 일갈!
다시 입을 다문다
사람들은 왜 못난 사람을 밥통이라고 했던 것인지
지금 이 순간 왜 그 생각이 나는 것인가
밥통, 그 한 굉음으로 득도라도 했단 말인가
궁금이 궁금을 불러오는데
마누라,

스님의 뜨거운 모가지를 휙 꺾더니
사리 같은 고봉밥
척하니 식탁에 올려놓는다
아! 바라보기만 해도 마냥 배가 부른
새하얀 그 말씀

담쟁이

산다는 것이
무모한 도전과 집착인지 모른다

널 부러진 파지더미
뒹구는 플라스틱 바가지와 라면봉지 사이
고양이 사체가 썩고 있는
어둡고 칙칙한 도시의 변두리
누구나 가지 않는 쓰레기더미를 지나
세상의 높은 담장을 향해
기고 또 기었다

차가운 벽에 달라붙어
정상을 향해
악착같이 기어오르는 무용한 놀음
세찬 비바람에
몇 장의 이파리는 도중에 떨어지고
추억처럼 초록빛이 잠시 반짝이기도 한다
높은 곳의 생生도 위태롭긴 마찬가지

그 불안을 떨치기 위해
스크럼을 짜며 오를 수밖에 없는
쟁이들의 업보!
콘크리트 블록에 발톱을 단단히 박고
담장 옆 전봇대를 향해
위험한 한발 또 뻗는다

새대가리로는

비 내리는 오후
전깃줄에
비를 맞고 앉아 있는
참새 한 마리를 바라본다

비바람,
이 난관을
어떻게 극복할 것인가
생각에 잠긴 듯

질펀한
한 세상을
온 몸이 젖어 내려다보고 있다

보험금 때문에
엄마와 상의했다며
아들이 엄마를 죽인 패륜에
남편은 아내를 죽여

10년 동안 박스에 밀봉해
집안 깊숙이 보관했다는
어제의
그 두려움 때문일까
순간,
부르르 몸을 떨며 목을 움츠리는 참새

새대가리로는
도저히 이해할 수 없다는 듯
먼 산을 보며
세차게 머리를 흔든다

아내의 맨발

한잔하고 늦은 밤
육중한 아파트 대문을 힘겹게 열고
집안에 들어와 보니 어둑한 거실 소파에
아내가 곤한 잠을 자고 있었습니다
혹시라도 깨어날까 봐
도둑놈처럼 숨소리조차 죽이며
안방으로 들어가 겉옷을 벗어 벽에 걸고
아내 곁에 살며시 앉았습니다
자는 모습 물끄러미 내려다보았습니다
자신 숨소리에 지쳐 보이는 얼굴
짐승처럼 혀로 핥아주고 싶었습니다
긴치마 속에서 빼꼼이 나온
아내의 맨발,
슬며시 만져보니
겨울밤 개울물을 건너온 듯
차갑고 퉁퉁 부어 있었습니다
온종일 생生의 멍에를 이고 걸었던 발
발뒤꿈치같이

거칠고 건기가 가득한
나의 길을 따라 여기까지 온 야생의 발
지치고 늙은 두 마리의 소 같았습니다
병든 짐승 위로하듯 아내의 발등을 어루만지며
이 밤이 새도록
자장가를 부르고 싶었습니다

백발

백발은 저 혼자서 고요하다
이제는
무력하여 고요히 앉아 있을 수밖에 없다
백발에게는 심해 속으로
침잠해 들어가는
조용한 물방울 소리가 있다
한낮,
그의 웅얼거림은 그래서 더욱 쓸쓸하다
살비듬만 풀풀 날리는
적막한 폐가다
내가 저 안에 살고 있다는 느낌은 왜 드는지
초점 없는 눈동자가
무심히 주변을 둘러보다
고개 들어 하늘을 올려다보는 데에
또 백년이 지난 것일까
찾는 것이 저 허공이라도 되는 듯
깊은 하늘에 오래 머문다
그의 느릿느릿한 몸짓은

세상은 참 짧다, 라고 말을 하려는 듯하다
어제 흰 고양이 한 마리
겁도 없이 게으르고 나른한 걸음으로
동네골목 한가운데를 가로지를 때
무엇이 그리 급하다고
크락숀을 거침없이 빵빵대곤 했는지
저 느린 움직임이 자동차 속도를 부끄럽게 한다
적막한 폐허에
따뜻한 빛이 들어오듯
오늘따라
신발가게 앞에 앉아 있는
노인의 손끝
몸짓 하나하나가 따뜻하게만 보인다

군하리의 봄

3층 사무실 열린 창문틀에 턱을 괴고
옹기종기 모여 평화로워만 보이는
군하리 133번지 거리를 내려다본다
가로수와 집 안뜰과 작은 텃밭에는
벚꽃, 목련, 살구꽃, 개나리 온갖 봄꽃들이
물감이 엎질러지듯 그새 환해졌다
하나하나 채집하듯 넋을 놓고 바라보다
새삼 그 아름다움에 눈이 부셔
마음이 울컥, 콧등이 시큼하다
나뭇가지에는
한겨울을 날아온 작은 새의 부리 같은 어린 촉들이
무슨 음표마냥 바람과 햇빛에 어우러져 지저귀고
나는 괸 턱 갸우뚱 귀를 연다
두 눈을 끔벅끔벅 그 촉촉한 뒤새김질에
마을은
무슨 축복처럼 연초록으로 다시 환해진다
한갓 미물도 주인을 닮아간다는데
저 환하게 웃는 꽃나무들 동네 인심 아니고 무엇이랴

하은이네 식당에서 방금 나온 앳된 병사
그가 입은 옷도 알록달록한 숲이다
점심식사시간 한참이 지났지만 배고프지 않고
봄나물 볶는 아지랑이에 둥둥 떠 있는 나는
나른한 한 마리 행복한 고양이다

멍

말없이

당신을 떠나보내고

한 그루 미루나무로 서 있습니다

까치집만 한 빈 둥지가

가슴속에 남아 있는 줄도 몰랐습니다

발레리나

발끝을 곧추세워

외발로 턴을 하듯

빙그르르

순풍에 날아오르는

민들레 홀씨 하나

시계소리

시계바늘이
또각또각 걸어간다 이 밤도
하이힐을 신은 버림받은 여자가
무심코 내딛는 굽 소리
밭에서 돌아오신
늙은 어머니의 허리와 무릎께를
밤이 되면 더욱더 찔러댔을 것이다
당신 종아리가 날씬하게 걸었던
처녀적 분홍구두를 생각하며
손톱을 깎아주던 신혼도 그리워했으리라
아버지 먼저 가신
강변길에 핀 노란복수초
그 꽃잎 닮은 벽지를
밤새 손가락으로 톡톡 긁어 따내기도 했으리라
밤이 깊으면
깊을수록 가슴을 울리는 초침소리
떠나가신 빈자리가 하도 무서워
한동안 울지도 못했을 방에

이제는 우리가 남아
벽을 타고 들려오는 발소리을 듣는다
멈추지 않는 저 소리에 오늘 누가 또
떠 나 셨 다
모로 누운 좌심방에서
나를 대신하여 누가 울고 있다

빗소리

탁! 탁!
타다닥!
나무 타는 소리
비릿한 연기
내 혈맥에 파고드는 물꽃들
그 파문에
귀 씻고 몸 씻고
뎅그렁
첫사랑의 열화가 범종처럼 울려오네

절창

도화지에
빗금을 치는
연필소리처럼 비가 내립니다
때로는 장중하게
때로는 부슬부슬
힘차고 세밀한 붓 터치를 하듯이
떨어지는 빗방울이
나무 이파리에 너불너불
수채화를 그려갑니다
백주에 호젓이 혼자 보는
문밖에 펼쳐진 풍경화
참으로
칠월의 신록은
바람이 부나 비가 오나 언제나 절창입니다

봄날에 베이다

새로 사온 A4용지를 뜯어내다
종잇날에 손가락을 베었습니다
산수유 열매 같은 핏방울이 몽글몽글 솟아올랐고
감싸 안은 손은 온통 따끔거렸습니다
그 작은 상처에
살은 뜨겁고 마음까지 베인 듯이 갈피를 못 잡았습니다
허둥지둥 밴드를 찾다가 창밖 너머로
벚나무 실가지가 통째로 화끈거리고 있는 것을 보았습니다
산골짜기를 최후방어선으로 꽝꽝 움켜쥐고 놓지 않았던
유독 길었던 지난 겨울 밤낮을
초록군이 야금야금 점령하고 점령하여
이젠 우리 곁에 승리의 열꽃으로 다가왔습니다
꽃잎이 팡팡 터져 오른 날
마음을 베인 상처도
활짝 핀 그 아름다움에 다 용서가 되나 봅니다

가만히 몸 기울이면

아침 출근길에 앞마당
잔디를 살금 밟으면
누군가가 밤새 둥글게 빚어놓은 이슬
뽀드득 깨지는 소리
그 소리에 화들짝 놀라고 만다
아직도 귀가 열려 있었구나
다행이다
손끝이 아리아리한 날
바람이 만져지는 날이 있다
빠르고 민첩한 놈들과 느긋하고
따스한 바람이 내 곁을 지나갈 때
눈 속에도 마음에도 길이 있었구나
다행이다
늘 곁에 있는 것
무심한 것들 느끼고 만지는 게
나의 행복이었던가
이렇게 가만히 귀 기울이면 모두가 시인인 걸
사람들은 세상 그 경계 밖에서
그저 가만히 몸 수그리면 되는 걸

숲 속의 우주여행

잠결에
빗소리인지
구르는 구슬 소리인지 밤새 들려왔습니다

아침 일찍 일어나
개운하지 않은 몸을 끌고 마을 뒷산에 올라갔습니다

배롱나무 가지에
밤새 꿴 구슬처럼 물방울이 거미줄에 맺혀 있었습니다
가까이 들여다보니
빛부신 천체의 행성 같았습니다
은하계도 아닌
이 작은 거미계에 내 마음을 홀랑 빼앗겼습니다
반짝이는 행성 안에는
미지의 생물체가 살고 있어
소행성을 향해 휘파람이라도 불면
어떤 위태로운 신호라도 보내 올 것만 같았습니다

숲 속에 이토록 아름다운 행성계가 또 있을까도 싶었습니다
서로 소통이라도 하듯
행성에서 행성으로 흐르는 은하수가 보였습니다
지구 바깥에도
지구별을 바라보는 우주소년이 살고 있을 것 같아
슬몃 하늘을 올려다보았습니다
소년의 눈동자처럼 맑고 쾌청했습니다
이 행성에 잠시 머무는 동안 나는
서늘한 은하 속에 들어앉았다 나온 사람처럼
몸도 마음도
한결 밝아져서 산을 내려왔습니다

손님

강둑 미루나무 가지에서는
날마다 까치가 울고
아침에 일찍 일어나 싸리문 활짝 열어두면
나무 그림자
문지방에 슬며시 앉았다 가셨네
고요한 탱자울안
들마루에 배를 깔고 엎드려 방학숙제하다
사각사각 다람쥐 연필 깎아 먹는 소리에
스르르 졸다보면
어느새 솔바람 펼쳐놓은 국어책 먼저 읽고 가셨네
숨죽인 뒷마당
산 꿩, 노루새끼 다시 올까
두근두근 숨죽여 내다본 문구멍
오신 손님
변변치 못한 대접
익을 대로 익은 앵두 한 대접 따다 마루에 놓아두었네
마당에 흐드러지게 떨어진 감꽃은 쓸지 않았네

요즘 뜸하시네 그리운 손님
깊어진 개발에 길을 잃으셨나
그래도 귀한 손님
언제나 오실까 늘 기다려지네
까치는 송전탑에 앉아 슬피 울고 있는데

범종소리

깊이 우려낸
침묵의 소리가
산사山寺 천년 잠든 돌을 깨운다
연못 외따로이 놀던 물오리
화들짝,
고요차고
물범종 두드리며 날아오른다
나는 주춤 서서
마음속 잔잔히 울리는 이 평온을
뭐라 말할지 궁리 중이다

풍경을 말리다

옥상에 올라서서 내려다보면
내가 몰랐던 또 다른 동네가 펼쳐져 있다
집집마다 팽팽한 빨랫줄에
해맑고 정겨운 풋풋한 옷가지들이
천진한 웃음으로 출렁이고 있다
꽃무늬 브래지어가
도발적으로 쑥쑥 들이미는가 하면
손바닥만 한 팬티들이 요염한 엉덩이 씰룩대면
침 꼴깍, 헤멀죽 다시 턱을 괴고
수줍어하는 사춘기 교복
자꾸만 치마 쓸어내리며 저 혼자 부끄럽다
아이들은 연을 날리는지
누가 날아오르는지
시끄럽고 와자한 소리 소리
배시시 그들을 바라보는 나는
볕 좋은 자리에 앉아
적당한 바람에 젖어 있는 나를 말린다
유월 한 풍경을 말린다

물소리

저녁 어스름 내리는
강가에 조용히 앉아 있으면
시장에서 돌아오신 어머니가
저녁쌀을 씻듯이
물길 저 아래에서 여울물소리 들려온다
흐르는 수면 위로
쌀뜨물 같은 물안개 밀려오면
급히 떠 넣은 밥처럼 그리움이 미여진다
종산宗山나무를 베어
폭풍우가 몰아치는 날 홀로
이 강물로
통나무를 끌어와 옛집을 지으셨다는 아버지
오늘따라 당신이 보고 싶다
그리움도
눈물로 털어내면 반으로 덜어질까
비린내를 풍기는 나이가 되어
흘러가는 강물에서
잊었던 사람 찾는 날이 많아졌다

강 건너 저만치서
늙은 소와 우리의 아버지가
논일을 마치고 돌아오신다
어깨에는 삽자루를 메고
바짓가랑이를 무릎께에 올리고
여울을 건너
내 가슴속으로 첨벙첨벙 들어오신다

뿌리

6·25동란 아주 치열한 공방이 있었다던
그 처절한 상황을 회상하며
전우를 직접 초연硝煙과 묻었다는
반백의 노인 눈시울 따라 찾아온 도솔산 중턱
그 험준한 중턱에
서넛 평 남짓 흙구덩이 파고 더듬으며
며칠째 쭈그리고 앉아
뼈마디가 반쯤 드러난 바닥을 솔질하고 있습니다
천천히 천천히
오랫동안 잠잠하던
마음속 깊은 밑바닥도 출렁이게 하는 희미한 바람소리가
들렸습니다
모로 누워 있거나 뒤엉켜 드러나는 뼈마디들
곁뿌리 같아 보이는 손가락뼈 마디마디는
그리운 사람에게
하고 싶은 말 다하지 못한 말없음표 같았습니다
쑥부쟁이 하나 피우지 못했을 마디마디 곁에

놋숟가락 하나 기억의 편린처럼 녹이 붉게 피어 있었습니다
붓끝을 타고 눈으로 몰려드는 붉은 꽃잎에
내 눈동자는 벌겋게 충혈되어 갔습니다
반세기 동안
형상도 없이 길을 잃고
어둡고 습한 곳을 헤매고 다녔을 누구의 영혼이었을까
붓질하는 동안 하루에도 몇 번씩
총탄이 가슴을 뚫고 지나가듯 매운바람이 불어댔습니다
서로의 몸 완강히 끌어안은 듯 분리된 뼈 사이
하늘을 향해 소리 지르듯 드러난
고요한 턱뼈에는
차마 그 순간은 귀가 먹먹해져
아무것도 들을 수가 없었습니다

아내의 앞치마

아내의 앞치마에는
숲이 있다
숲 속에는 버섯집이 있고
작은 텃밭이 있다
집 앞에는 물웅덩이가 있어
물고기가 노닐고 있다

오늘은 아내가
그 숲에서 고사리를 다듬고
텃밭에 나가 애호박과 고추를 따와
장찌개를 끓이고 있다
젖은 손은
꼭,
물웅덩이에 닦는데
아내의 고운 손 때문인지
물고기는
달아나지 않는다

아내는 평생
숲과 텃밭과 작은 연못이 있는
이곳에서 살 것이다
할머니에게서 공손히 물려받은 것처럼
딸에게도
아름다운 유산으로 물려줄 것이다

징검다리

홀로 나는 저 나비는
언덕 너머 어딘가
당신이 사는 곳으로 돌아가는지
들꽃 징검다리를 사뿐사뿐 건너간다
순풍에도
날개가 깜빡 허방에 빠질까봐
크고 작은 꽃다리를 건너며
더듬어보고 두드려보다 간다
저 너머
누군가 기다리고 있다는 듯
돌꽃에도 잠깐 잠깐
쉬었다가고 앉았다 가는데
발목은 꽃가루에 젖고
화주花酒에 취한 듯이 간다

화무십일홍花無十日紅!

꽃을 건너는 사이 늙어버린 나비

허공을 비틀비틀
흐르는 바람대로 한 나비씩 또 건너간다

그리운 풍경

눈을 크게 떠도 흐린 등잔불

새벽녘

삭정이 부러지는 소리가 불타는 아궁이 속에 가득하고

쉬익! 쉬익!

갓 시집온 어머니 눈물로 흐르던 가마솥 밥물

할머니 머리에 아주까리기름 바른 듯

반질반질 윤이 나던 부엌 땅바닥

머릿수건을 둘러 쓴 서툰 엄마와

이유 없이 야단만 치던 할머니가 한배를 타고

하루의 출항을 위해 노를 젓던 곳

그을음으로 함께 늙어갔던 붉은 흙벽과 찬장

외롭거나 외롭지 않던 초가지붕

지금도 옛 집터에 서서

마음의 대문 열어놓으면

밥 짓는 연기가 수저질 소리처럼 퍼져나가고

호박꽃이 피어 있는 돌담을 지나 동무들이

내 심장 위로 두근두근 뛰어오는 곳

기도하는 들판

두 손을 모으고

고개를 조아리며

그들이 다함께 기도를 한다

무릎을 꿇고

수만 번의 눈물이 맺혔다 마르고

누렇게 말라가면서도

밤낮으로 끝없는 기도를 한다

하루의 바쁜 손을 놓고

바람에 실려 오는

몇 겹의 기도소리를 들어보자

눈을 감고

잠시라도 한번 귀 기울여 들어보자

한 평반 그

벌방에서 울려오는 듯한

축축한 들풀의 소리를

구두 발자국

며칠 사이 또 누가
집 앞을 서성거리다 돌아갔나
저번 구두 발자국
지워진 지 얼마 되지 않아
또 이렇게 새 발자국이 생겨난 것은
바람결에 숨어 몰래 다녀갔기 때문일까
언제부턴가
우리 집 담장 아래에는
선뜻 집안으로 발을 들여놓지 못하고
돌아선 구두 발자국이 있다
용서를 빌려는 흔적처럼
사랑을 고백하려는 마음처럼
구두는 그렇게
담장 주위를 맴돌며 서성거렸나보다
새벽녘 눈물을 훔치다 떠난 듯이
축축하게 젖어 있는 발자국들
구름이 같이 슬퍼했을까
별들이 토닥토닥 위로해 줬을까

담장 밑 쌍떡잎 새싹들
구두같이 발자국같이
조촘조촘 솟아오른 이른 아침이다

빛살

빛을
살로 만드는 나무가 있다
하늘로 쭉쭉 뻗은 나무들
빽빽한 굴참나무 숲길을 걷다보면
나뭇가지 이파리 사이사이로
수십만 개의 빛발이
번쩍, 번쩍!
날카로운 화살이 되어 쏟아져 내린다
퍽! 퍽!
땅속에 무수히 박히는 살
당신의 회초리 같은 살
저 살을
의연히 맞거나 맞지 않으며
산길을 한걸음 한걸음씩 오를 때마다
지친 몸에 채찍을 가하듯이
어깨와 등짝을 후려친다
이내 허물어져가던 몸이
대지의 가슴과 함께 뜨거워진다

숲 속 깊이 들어가면 갈수록
어딘지 모르게
마음이 뭉클해지는 이유가 있다
때마침
땅 위로 푸른 촉이
피처럼 솟구쳐 오르고 있다

詩집 속을 걷다

군하리 골목길은
내 몸의 실핏줄과 같습니다
우리 동네 골목길은 특히 좁아
걷다보면
얼기설기한 길이 꼭 모세혈관 같습니다
이웃집 승민이네 옆길을 지날 때면
텃밭에서 기어 나온
호박 넝쿨을 지렁이 밟듯이
질경질경 밟기도 합니다
옛 목욕탕 집 장독대를 지나면
경로당 앞 노인들의
푸른 무르팍을 스쳐 가기도합니다
비가 내리면
배수로가 되어버리는 골목
봉숭아꽃과 깻잎이 함께 흔들리는 길목
한 사람이 겨우 오를 수 있는
좁고 가파른 계단에 올라서면
영철이 할머니가

꽃 대신 화분에 고추를 심어놓고
굴뚝 곁에 LPG통을 두고 같이 사는 곳
서연이네 감나무는
늙은 호박을 석양처럼 매달고 있어
저녁 퇴근길은
어스름 골목을 걷고 있지만
실상은 환한
詩집 속을 걸을 때가 많습니다

장마

창밖에는
구죽죽 비가 내린다
물웅덩이 같은 내 심장은
흙탕물처럼
진한 피가 고였다 흐른다
긴 장마에
그 흐름도 달라지는지
저리 마냥 쏟아지는 빗줄기에
왠지 가슴이 저며 오기도 하고
먹먹하기도 하고
잠시 그친 처마 끝에
오종종 매달린 물방울 정령들을 보면
내 흙탕물은 또
서서히 맑아지기도 한다
긴 긴 장마가
나를 끌고 다니는 동안
스스로 무두질해대는 나의 핏줄기
방문을 열고

이렇게 엎질러져
장맛비를 오래도록 바라보면
가는 세월이 다 보인다
뒤꼍에 흐르는 또랑물 소리에
호박부침개 부치는
고소한 소리가 군침처럼 생각나고
작년 빗길 교통사고로 떠난
이웃집 동생 미망의 아내
울음이 아슴아슴 떠오르기도 한다
문밖은 비가 쏟아지는데
이리 적막하다
오한 다잡아 젖어드는 몸과 마음
마당에 돌확이
옹이처럼 솟아오르는 것이 보인다

강아지풀

풀숲에서

슬며시 내민

강아지 꼬리가

살랑살랑 바람에 흔들린다

젖 뗀 강아지들이

수풀에서

서로 장난치며 뒹굴고 있는지

꼬리를 들어

저희끼리 자랑도 하는지

풀밭이 점점 시끄러워진다

여백 餘白

차고 남은 곳,
지나가던 마음들이
넌지시 다녀 갈 수 있는 곳
평화와 게으름이 함께 살아 있는 곳
나는 그곳이 좋습니다 맑고 환해서 좋습니다
푸른 하늘에 새털구름 같아서 좋습니다
짝사랑이 아직도 설레고
머뭇거리고 있는 거기
두둑한 적금 같은 곳
민들레 홀씨 하나 터를 잡아도 좋을 곳

당신 생生의 여백은 어디십니까
햇살 아장아장 걷고 있는 그곳입니까
저는,
A4용지에 시 쓰고 남은 광활한 곳입니다
시를 쓰고 난 후
사람들이 웃고 울고
그리움이 머물도록 하는
이곳이 나의 영원한 여백餘白입니다

제2부

양파를 벗기며

양파 속에는 흰나비가 살고 있어
한 꺼풀 한 꺼풀씩
날개를 펼치듯 벗기면
나비가 훨훨 날아오를 것만 같았는데
눈앞에 보이는 건 아무것도 없다
모두 어디로 사라진 것일까
장난감을 잃어버린 아이처럼
나는 허둥대고
껍질을 벗기는 동안
양쪽 날개를 잘못 건드려
바닥 어느 구석으로 떨어진 것은 아닐까
두리번거리고 눈을 비비는 사이
몰래 달아나버린 것은 아닐까
슬며시 어디로 날아간 걸까
텅 빈 그 섭섭함
나에게 슬픔이 생겨났다면
아마 이곳에서 생겨났을 것이다
나비는 분명 이곳에서 깨어나

창밖을 통해
햇빛 속으로 날아갔을 것만 같은데
왜 내 눈에는 보이지 않는 걸까
그러지 않았다면 양파를 벗기는 동안
자꾸만 나는
빛 부신 누군가와 헤어진 것처럼
눈물이 주르륵 흘러내렸던 것일까

엄마

시인이 되어서도
엄마에 대한 시 한 편을 쓰지 못했다
그러니 스스로 불효자다
시골에 홀로 사는 엄마는
항상 기운 누더기에
퇴색된 옷을 입고 계신다
늘 그래도 되는 줄 알았다
꾸미지 않아도 얼굴 표정은
주름이 한 바퀴 돌아서 올 만큼
너그럽고 온화하시다
늘 그러시는 줄 알았다
불혹의 나이가 되어
늙은 그녀를
아무리 자세히 들여다보아도
엄마,
그 너머를 볼 수가 없다
볼 수가 없으니
그녀를 향한 글을 쓸 수가 없다

누더기를 써야하는데
써놓고 나면
백지처럼 너무 깨끗해서 버렸다
여유롭지 못했다
다급하고 거칠어진 글이라서 또 버리고
버렸다
그녀의 삶은
글로 표현할 수가 없다
시로도 쓸 수가 없는 엄마
그래서 나는
늘 죄를 지은 듯 살아가고 있다

입병

밤늦게까지 쉬지도 않고
망가진 비닐하우스 두 동을 정리했다
오랜만의 육체노동에 약간은 흥분한 상태
끝마무리 틈에
아내가 내온 따뜻한 밤참으로 허기를 달래었다
그때 흰 사기그릇에 담긴
동치미 국물에 둥둥 뜬 보름달을
한입에 꿀꺽 삼켜버렸다
그러니 오늘은
눈앞이 캄캄할 수밖에 없다
시원한 노동의 맛이
입안에서 담백하게 맴돌 줄 알았는데
훔친 여우구슬을 삼킨 듯이
요 며칠 동안 입안은
쓰리고 따갑고 화끈거리기만 했다
통증을 참다못해 입을 찢어지도록 벌리고
거울을 자세히 들여다보니
입천장 붉은 벽에

그 보름달이 동그랗게 걸려 있지 않는가
지금 생각하니
밤하늘에 뜬 달만이 달은 아니다
살아가는 동안 몸속 어느 구석에는
저리도 우리들의 달뜬 시간이 깃들어 있다
달콤하고
아슴아슴한 상처가 숨어 있던 것이다
아!
저 달을 달래려면
입속은 얼마나 더 쓰리게 환해져야하는가
아마 보름은 기다려야 할 것 같다

초인종

휘영청 떠 있는
보름달을 보면 나는
초인종 버튼을 누르듯이
손가락으로 꾸욱 눌러보고 싶어진다
저 뚱그런 달을 눌러
찌그러진 그믐이 되면
밤하늘의 별들이 아이들처럼
손뼉을 치며 좋아할 것만 같다
어릴 적 등하굣길에
부잣집 커다란 대문 앞에 붙어 있던
희고 동그란 초인종 버튼을 보면
친구와 나는
골목을 지날 때마다
버튼을 누르고 싶은 강한 충동을 느꼈다
어느 날
그 유혹 내가 참지 못해
펄쩍, 초인종 버튼을 누르고
집 주인 나오기 전 냅다 골목 사이사이로

친구와 도망쳤다가
이제 긴 세월의 골목을 빠져나와
우연히 그 친구를 만나
술 한 잔하고 밤늦게 돌아오는 길
골목 위에 떠 있는
둥근 초인종은 또다시 나를 유혹한다

죽도 회시장

늙은 아낙이
숫돌에 칼을 갈고 있다
또렷한
무엇 하나 제대로 들리지 않는
왁자한 시장에서 녹슨 날을 세운다
세우면 세울수록
쇠비린내가 진동하는 죽도
작은 상처도 이곳에서는 그만
배 가른 생선처럼
마음이 너덜대기도 한다
저 멀리 바다를 가르며
철선이 지나간다
지나간 자리가 저리도 쉽게 아문다
남편과 자식을 잃은 상처가
저리 쉽게 아물었다면
이곳을 쉽게 떠날 수 있었을 텐데
누구나
절절한 사연 하나쯤 물고 있는 죽도

오늘도
축축한 바닥에 주저앉아
시퍼렇게 갈아낸 칼을 들고
무아에 빠져 있다
도마 위에 요동치는 날 비린내를 향해
춤을 추듯
힘껏 내려치고 또 내려친다

이불

나는 밤마다 허물을 덮고 잠이 든다
그 마법 같은 허물 속에는
전생이나 앞으로 살아갈 후생의 흔적들이 설핏 보이기도 한다
가끔은
싸리나무 꽃이 피는 유년의 집으로 조촘 걸어가기도 한다
아버지는 어린 나를
번쩍 안아 올려 하늘 높이 던지곤 다시 받아 안는다
곁에서 눈으로 웃는 젊은 엄마 참 곱다
할머니는 엄마살림이 늘 못마땅한 눈치다
강가에서 잠지 드러내놓고
또래끼리 멱을 감다 허물이 축축해지기도 한다
할아버지가
동네어귀 느티나무 그늘 아래서 장기를 두신다
둘러앉은 훈수가 미루나무처럼 시끄럽다
양아치였지만 나를 항상 비호해주던
앞집 상수형이 웃으며 지나간다

뒤껻 감나무 아래는
내가 이소룡이 되기 위해 부단히 무술을 연마하던 곳이다
누에고치같이 깊은 잠에 빠졌다가 눈을 뜨면
놀라기도 행복하기도 슬프기도 하다
내가 허물을 벗기 싫은 까닭도 다 그런 연유다
오늘 아침
아들 이불에 얼룩덜룩한 국적불명의 지도가 그려져 있다
어젯밤에 어딘가 급히 다녀온 것 같기도 하다
아들과 나는 아침마다 뱀처럼 허물을 벗는다

곰보

그녀의 얼굴은 곰보다

오늘도 그녀는
손가락이 으깨지고
손톱이 빠져나가는 줄도 모르고
하루에 백 마리씩이나 되는 생닭 날개를
가위로 잘라내며
펄펄 끓는 기름 솥에 튀겨내고 있다
발가벗긴 닭을 솥에 넣을 때마다 나는
라디오 잡음 같은 울음소리를 무심히 듣는다
소름처럼 튀겨지는 몸뚱이들은
마지막 발악이라도 하는 것인지
뜨거운 기름으로 그녀의 얼굴을
마구 쪼아댄다
곱고 단정했을 그녀의 얼굴은 온데간데없고
말라비틀어진
연꽃 씨앗이 숨어 있을 것 같은
벌집 같은 곰보만이 가득했다

삶의 씨앗이 꿈틀대는 저 구멍 하나 하나가
살기 위한 몸부림이었을 것이다
비릿한 시장에서
자신도 흐물흐물 삶아져가고 있다는 걸
알고나 있을까
배 속을 훤히 드러내고 누운 닭처럼
어느새 삶의 바닥이 홀딱 벗겨진 그녀
사나운 암탉이 되어
뜨거운 삶의 기름솥 속으로
스스로 뛰어들고 있는지도 모른다

석양

쇠망치로 달군

붉은 말발굽

전속력으로 달려간다

오늘도

가난한 자의

뒤꿈치가 단단해져간다

벚꽃 같은 아내

아내가 고와졌다 본래 곱기도 고왔지만
요즘 아내는 무심결에 보아도 참으로 곱다
아내도 알고 있는지
요즘은 화장도 잘 받고 턱밑 쳐진 살도 빠졌다며
거울 보는 시간이 부쩍 많아졌다
집안 청소하다가도
식사 도중에도 아래층과 수다를 떨다가도
거울 앞에서 화장을 할 때면 더욱 유난스럽다
장소를 가리지 않고 법석을 떠는 아내를 보면
나는 그저 마음을 지그시 누르고 웃어 줄 수밖에 없다
그렇게 최근 아내는 정말이지
화창한 봄날에 피어 있는 절정의 꽃같이
눈에 띄게 예쁘고 옷맵시도 화려해졌다

가족끼리 저녁을 먹고 집으로 돌아오는 길
어둑어둑하고 부슬비는 내리고
차 안 보조석 상단 미러를 내리며

얼굴 붓기가 많이 가라앉아 참 신기하다며
아내는 소꿉장난하는 아이처럼 또 부산을 떤다
"나 정말 얼굴 많이 고와졌지, 정말 예뻐졌지"
핸드폰 카메라로 셀카를 찍어대며
운전하는 나에게
뱃살도 많이 빠지지 않았어? 하며 허리 돌리는 시늉을 하자
뒷좌석에 앉아 가만히 듣고 있던 아이 둘도 킥킥대며
으이구! 그래그래 이뻐졌네요! 딸년은 비웃어 대고
아들놈은 닭살 돋는다며 아내 등짝을 가볍게 친다
갑자기 나는 마시지도 않은 술이 얼굴로 오르는듯 하여
고개를 슬며시 차창 옆으로 돌리며
"당신 원래 처음 만났을 때부터 고왔잖어"
차창에 김 서리듯 말을 흐리고 나니
세월처럼 빠르게 흐르는 바깥 풍경이 잘 보이지 않는다

자정 넘어 두툼한 뱃살가죽에
스스로 주사바늘을 찌르며 투석하는 아내를 훔쳐보고 나서
나는 예뻐지고 고와지는 아내를
화사해지고 아름다워지는 아내를 도저히 쳐다 볼 수가 없다

어느 날 갑자기
화르륵
내 앞에 쏟아져 내리는
벚꽃 같을까 봐
오늘도 차마 얼굴을 똑바로 쳐다볼 수가 없었다

책 읽는 女子

그녀가
조용히 책을 꺼내 읽는 시간
오전 11시, 오후 5시,
밤 11시,
새벽 5시.

흐르는 피가 탁해져서
정신마저 흐려진 女子
맑은 정신을 수혈하기 위해
늘 같은 시간
한 시간씩 책을 펼쳐 읽는 女子
집중해 읽지 않으면
졸음이 깜박 찾아오는 불안한 시간
불안하여 우울한 女子

투석하는 동안
웅얼웅얼 읽는 소리라도 내지 않으면
슬픔의 우물에 한없이 빠져드는 女子

빠져들어 온몸을 뒤틀며
뼛속까지 읽어내는 몽환적인 女子
새벽녘
깜박깜박 죽음을 읽으며 투석하는
404호 병실의 그 女子

그녀는 트램폴린처럼
– 송현숙을 응원하며

사무실에서 같이 근무하는 그녀는
항상 빳빳한 서류 뭉치와
다급한 결재판을 들고 즐겁게 일을 하다가도
한순간 동료와 힘겹게 다투는 모습을 보면
그녀 가슴속엔
물고기 부레와 같이
스스로 조절할 수 있는 감정의 공기주머니는
전혀 없는 것인지 그렇지 않으면
양쪽 종아리에 어디로 튈지 모르는
흰 탁구공이 숨겨져 있는 것인지
거침없는 발길질과 악다구니
나의 심장은 오늘도 그녀와 함께 뛴다
사람들 사이로 안 보는 척
훔쳐보는 즐거움과 시원함이 있다
적당히 마른
백육십 센티미터의 짤막한 키에서 나오는
그녀의 싸움질,
상급자와의 싸움에

나도 모르게 은근히 응원을 하는지
북을 두드리듯 내 심장은 격렬히 뛰곤 한다
씨발놈이라고
거침없이 욕을 뱉어도 전혀 상스럽지 않은
그녀에게서 나는
내게는 없는 발랄한 슬픔이 있음을 본다
그 길이
외롭게 홀로 가는 발걸음이란 걸 안다
일부러라도 다투지 않으면
하루가 무료하고 재미없고
금방이라도 울컥,
슬픔이 차오를 것 같은 그녀는
그렇게 자신을 채찍질하며 사는지도 모르겠다

하품

하품을 하면 나는 왜 눈물이 나는가

중풍과 노인성 치매 아버지가
날마다 마루에 걸터앉아 초점 잃은 시선으로
눈앞의 날벌레를 쫓거나
태양을 꼬나보며 울분을 토하거나
갑자기 허공을 향해
숨넘어가듯 허우적대곤
땅바닥에 퍼질러 앉아 흙을 퍼먹곤 하셨다
세상의 모든 것들이
지루하고 비루하고 하릴없다고
입을 대각으로 짝 벌려 하품을 하셨는데
불편한 왼쪽 팔은 배배꼬거나
주먹을 불끈 쥐고 상반신은 부르르 떠셨다
오른손은 입가를 두드려
얼굴이 온통 침으로 범벅이 되었고
어쩌다 기분이 좋으면 바지에 오줌을 싸셨다
그렇게 아버지는 긴 하품을 하다

깊은 잠에 빠지셨다

나, 하품을 할 때면
자연스레 그 모습 떠올라
왼쪽 실눈을 감고
면상 입모양 옆으로 틀어지는데
세상 잠든 후
겨우 편안해 보이셨던 아버지 얼굴이
눈가를 톡톡 쏘는 것이다

당신도 하품할 때
눈가가 촉촉하지 않았던가
자신도 모르는
깊은 슬픔이 거기 있었을 것이다

먼지

소리없이
방안 빛살 속을 떠다니는 저것들은
빛의 울음인가
날마다 빛은
기척도 없이 방에 들어와 혼자서 울고 갔던가
이 작은 공간을 부유하며 내내 울고 있었던가
그동안 왜 보지 못했을까
금가루 같은 울음을
메아리처럼 떠도는 울음을
침대에 누워 있는 몸 안으로
칼끝이 서서히 들어오듯
뜨끈한 빛의 울림을 이제야 느낀다
이제는
가슴속에 환히 들어와
단 한번만이라도 소리내어 울어보렴
내 목소리를 빌려줄게

어린 죽음이 곱게 갈린

한 줌밖에 안 되는 분진을
공중의 질서 속으로 떠나보낸 적이 있다
볕 좋은 날이었다

빛이 스며들어온 방안은
어느덧 울음으로 가득하다

위안 慰安

나비가
들꽃 사이를 춤을 추듯 날아다니는
날갯짓을 가만히 디다 보면
최면에 걸린 듯
마음이 고요해진다
상처를 어루만져주는 듯 가슴이 얌전해진다
너그러워지고 보드라워지고
여름 한낮이 나른해 진다
시인들의 시에 나비가
자주 등장하는 걸 보면
당신이 묻혀온 꽃가루에 그들도
한번쯤은 최면에 걸렸으리라

복분자 한 잔
따뜻하게 마시고
온몸에 나비를 품은 듯이
오늘은 나도 한번
스스로 취한 듯 최면을 걸어본다

아버지가 오고 가시던 골목길을 비틀,
당신이 하신 것처럼
비틀, 손을 들어 나는 듯 춤을 춘다
그동안
당신 없이 지낸 허전한 마음
꽃가루같이 흘러나오는
당신이 기대었던 창문가의 불빛을 올려다보며
손을 비비듯 마음을 비벼
잠시라도 쓸쓸함을 풀어본다

개구리울음

콜라병 속에는 개구리가 산다
동네 구멍가게 선반 위나
우리 집 냉장고 속에
조용히 웅크려 있는 알들
저 캄캄한 콜라 속에는
눈에 보이지 않는 놈들이
숨죽여 살고 있다
외지에서 들어온 놈
모습을 드러내지 않고
암살자처럼 물속에 숨어 있다
놈들은
서서히 우리 뼈를 갉아 먹고 있다
뻥!
무심코 병뚜껑을 따고
함부로 컵에 따르자
알을 깨고
뛰어오르는 울음소리
손등을 타고 오소소 울음이 돋고

토도독
입속에서 싸하게 울음이 튄다
오싹한 울음의 독이
온몸으로 퍼져가고 있다

귀뚜라미 울음

비 오는 날
운전을 하다보면 바퀴 밑에서
찌르르르
찌르르르
날개 터는 소리 희미하게 들린다
장마철이 되면
달리는 자동차 바퀴 밑에도
귀뚜라미가 사는지
그 울음소리
빗속을 달리는 동안 멈추지 않는다
달리면 달릴수록 빗소리와 함께
슬프게 울어대는 바퀴소리
찌르르르
찌르르르
장맛비에 기대어 몰래 우는 소리들
눈을 감고
가만히 들어보면 들린다
날개 터는 소리

바퀴가 울음을 감는 소리
속도에 울음을 더하는 소리
소리를 떨쳐 내려
아무리 세월이 달려도 따라오는 울음처럼
내게는 모두
어릴 적 장마철에 듣던
뒤꼍의 아련한 울음소리다

거울

우리 집 안방에는
문짝 없는
작은 다락방이 있다

날마다 서너 번씩
다락방에 들어가 나를 돌아본다
세상의 때가 얼마나 묻었는지
몸은 단정한지
그 마술 같은 방에서
잠시 명상에 잠기기도 한다

저녁을 먹고
의자에 앉아 물끄러미
불 꺼진 다락방을 본다
그 방안에는
육체를 이탈한 희미한 내가 앉아 있다
아내가
내 자신을 똑바로 쳐다보라고

오늘도
다락방을 깨끗이 닦아놓았다

정의란 무엇인가

날마다 나는
해병대 훈련소 교관으로 출근하여
총과 대검으로 사람의
가슴을 쏘거나 목을 베고 찌르는 훈련을 시킵니다
한 치의 망설임 없이
적을 죽일 수 있도록
싸우는 기술을 수없이 반복하고 교육을 합니다
동작이 서툴거나 민첩하지 못하면
직접 조교의 목을 잡고 죽이는 시늉도 합니다
신체의
치명적인 급소를 설명하며
정의와 자유를 훈육합니다

그리고

밤에는
시인이 되어 시를 씁니다

달팽이

축축한 걸레처럼

뻘바닥을 밀고 가는 배질의 아낙

석양을 떠메고

길고 긴 이승의 길 묵묵히 가고 있다

맨드라미와 애인과 꽃뱀

저 들짐승의 생간 같은 꽃을
뭉텅뭉텅 썰어 술에 담가 마시면
몸과 마음이
젊음으로 쫙 펼쳐질까
회춘이라도 하게 될까
아내 몰래
화단의 맨드라미벼슬을 비틀어
술과 함께 담금주병에 가득 담아
애인 숨겨두듯 서재에 몰래 모셔놓고
하루에도 몇 번씩
끌어안아 보는 즐거움에
심장이 숙성되듯 부풀어 오른다
언제 저 고름을 풀어헤칠까
기다리다 참지 못해
그녀를 품에 안아 탁자에 내려놓고
한잔 쭈욱 따라 마시니
온 몸이 화끈거린다
이놈의 가시나 기특하여

토실한 항아리엉덩이 툭툭
손으로 두드리고 어루만지다
안을 자세히 들여다보니
꽃 속에 파묻혀 술독에 빠진
도마뱀이 둥둥 떠 있는 것이 아닌가!
내가 시방
꽃뱀을 품고 말았구나

들고양이

또 저런다고
식당주인은 유리문 밖을 보며 혀끝을 찬다
사람들이 가득 모여앉아 저녁 식사하는 식당 앞에서
쭈뼛거리며 망설이는 소녀와
어르고 달래고 다그치는 엄마가 실랑이를 벌이고 있다

뒤틀려 우스꽝스런 오른 팔 때문에
어려서부터
이웃과 친구들이 자길 무서워했다고 한다
늘 외면당하며 살아왔다고 한다
사람보다 오히려 기르는 개가 더 좋다고
얼마 전부터는
학교를 때려치우고 집에서만 산단다
어쩌다
집밖으로 나오면
들고양이처럼 눈치를 살피며
자꾸 숨는 버릇이 생겨 저렇게 망설이는 거란다

사람이 무서워
사람을 피한다는 한 소녀가
문밖에 한참이나 서 있다

어쩌다 나온 발걸음
완강히 버티는 딸 때문에
결국 식당에 들어서지 못하고 뒤돌아가는 길
엄마 손을 잡고 뒤뚱거리며
부러 어두운 골목을 찾아가는지
개가 있는 집으로 돌아가고 있는지
발걸음이 가볍고 다정하다
저 멀리 어둠이 저 혼자 깊어지고 있다

도토리

한때 그는
단정한 모자를 쓰고
바람을 읽는 말쑥한 시인이었다

오늘은
개밥그릇 양은냄비 안에서
웃지 못할
슬픈 대머리 신세가 되어
이리저리 치받힌
그의 묵묵한 얼굴

표정은,
쓸쓸함으로 가득 차 있다

제3부

가을 속으로

높고 푸른 하늘을 향해
심장이 두두두 헬리콥터로 뜬다
나에게 가을은 럭비공처럼
어디로든 튀고 싶은 계절
둥구나무 아래 낡은 벤치
가을을 맞이하기에
이곳보다 더 좋은 곳이 어디 있으랴
벤치에 누워
바람에 흔들리는
황엽黃葉의 편주片舟들을 본다
꿈지럭댈 때마다
잠바는 부스럭 소리를 내고
화학탄 같은 낙엽은
가슴팍에 뚝뚝 떨어져 나뒹군다
폐 속을 저미게 만드는
이 스산한 작용제는 무엇인지
모로 누우며
갈색 곱등이 등처럼 허리를 둥글게 오무린다

구겨지는 울음소리가
혈관을 타고 빙빙 돈다
굼벵이가 동면冬眠을 위해
뿌리 깊숙이 파내려갔을 벤치 아래로
내가 한없이 침몰해 간다

낙엽

늦가을 오후

느티나무에 일순간 바람이 불자

나뭇가지에 붙어 있던

한 무리의 새떼가 놀란 듯 날아오르다

팝콘이 떨어져 있는

도로 위에 우수수 내려앉는다

분주히 모이를 쪼듯

바닥이 온통 시끄럽다

찬바람에

서서히 궁창으로 몰리는

저 올망졸망한 것들에게서

오늘은 왜

자꾸만 눈시울이 젖는 것이냐

동백印章

어둠을
힘겹게 밀쳐내는 등불처럼
키 작은 동백나무
거친 눈보라 속에서도
숯불처럼
환해졌다 어두워졌다
거칠게 호흡하는 붉은 동백꽃등을
파르르 떨면서 부둥켜안고 서 있다
세찬 바람에
견디지 못한 꽃모가지는
뚝!
뚝!
촛농처럼 바닥에 떨어지고
떨어진 모가지는
또 죽지 않고 살아서 바람에 꿈틀댄다
저 등불에 나는
비명 한번 내지르지 못하고
멍하니 바라만 보고 있다

송곳니를 드러내고 으르렁대다
빙하 속에 갇힌
늑대의 붉은 눈빛이 저랬을까
시리게 시리게
눈 바닥이 온통 화엄華嚴이다 화염이다
저 불꽃을 바라보는 내내
마음은 캄캄하게 타들어가고
숯불로 지져대듯
눈시울은 더욱 뜨거워진다
창밖은 여전히 가슴을 때리듯
눈보라만 치고 있다

반짝반짝 구둣발 소리

아버지는 오늘도
별을 건너고 계십니다
밤하늘을 자세히 살펴보아도
아버지 모습,
눈에는 보이지 않지만
징검돌을 총총 딛고 가듯
징검별을 건너는
당신의 구둣발은 반짝거려
어디쯤 걷고 계시는지 알 것도 같습니다
아버지 얼굴도 이제는 가물거려
조바심으로
밤하늘을 바라보아도
반짝이는 구두만 보입니다
세상살이가
힘들고 고단할 때면
군하리 뒷산 풀밭에 벌러덩 누워
캄캄한 하늘을 올려다보며
반짝이는
아버지 구두는 어디쯤 오고 계시는지

별을 세며 기다립니다
깜박 조는 사이
마을 저 멀리 지나쳐
사라지는 별빛을 보면
한없이 소리쳐 불러보고 싶어집니다
어쩔 땐
우리 집 옥상 가까이에
반짝반짝 낮게 걷고 계시면
눈시울이 붉어져 저도 모르게
팔을 들어 손짓을 보내곤 합니다
걸음걸이를 보면
아무래도 에둘러 오시는 듯
이곳에 당도하시려면
내 평생 걸릴지도 모르겠습니다
내가 먼저 마중 가야 할지도 모르겠습니다
한번 건넌 저 별자리는
되돌아오기 힘든
미로 같은 징검다리인가 봅니다

배밭을 걸으며

배밭은 옛 일제형무소 옆에 있다

빛도 없는 독방에 갇힌 그는
밖의 나무에 귀를 바짝 대고
풀벌레 소리
이파리 스적이는 소리를 듣느라
양쪽 귀는 좀 더 깊어졌으리라

어둠을 깊숙이 빨아들이면
온몸은 달콤해지는 걸까
육즙이 고이는 동안
인내의 씨앗도 몸속 깊이 생겨났던 것일까
그를 감싼 노란 봉투가
연등처럼 바람에 흔들거린다

죄 없는 목이 떨어져나가듯
땅바닥에 노란 배 뭉치가
뚝!

떨어지자 가슴팍이 저며 왔다

저리 얼굴을 가리고 떨어지는 것들이
썩어 문드러지는 것을 보면
참담했던 주변의 일들이
결국은 가혹한 형벌이었음을
아득히 헤아리며
과원을 걷는 내내 아픈 어깻죽지를
나뭇가지처럼 축 늘어트려야만 했다

벽
― 스마트폰

지하철 타고 가는 사람들
저마다
작은 벽을 가지고 있다
서로 눈길 한번 주지 않고
그 벽에 대고
저만의 내밀한 낙서를 즐기고 있다
가끔은
벽면을 톡톡 두드려
벽과 소통하는 사람들
소통하는 모습이
벽이 될 수도 있다니
우리 스스로
저렇게 벽을 쌓는지도 모른다
그 작은 벽을
한없이 쪼아대도
결국 벽이 되는 사람들
전철은
벽속 같은 터널을 달리고 있다

사람과
사람 사이에 벽이 생겼다

벽 2
– 스마트 폰

오늘은 벽을 뚫고
당신을 모시고 떠날
좋은 여행지를 찾아보았다
그 벽 속을 유영하다 혹시
내가 이 그물 벽에 갇히는 건 아닐까
은근히 걱정이 되었지만
당신에게 좋은 일을 한다는 핑계가
바닥에 슬며시 깔리면서
핑계 아닌 핑계로 치부해버렸다
홍콩을 뚫고
하와이도 뚫고
제주도를 뚫어보니
벽은
벽이 아니라고 생각하는 순간
쨍!
벽을 깨뜨리는 단말마 소리가
귀싸대기를 후려쳤다
잔뜩 화가 난 마누라가

옆에서 나를 뚫어져라 노려보고 있었다
멀고도 가까웠던 도시를 맴돌던 나는
잠시
캄캄한 벽장 속에 잠들었다
깨어난 사람처럼
어리둥절하고 멍한 기분이 들었다
이 소통의 벽은
정말 무서운 매트릭스를 가지고 있다

벽 3
- 스마트 폰

벽을 보고
실없이 웃는 사람
벽에 낙서를 하고
저 혼자 쳐다보며 낄낄거리는 사람
손톱으로 벽을 박박 긁어대며
억울함을 호소하는 사람
벽을 노려보며
호통 치는 사람
벽에 이마를 짓찧는 사람
악착같이
벽을 넘으려는 사람
기어오르려는 사람
분통만 터트리는 사람
XXX병원 3층 31정신병동

거리를 걸으며
실없이 벽을 보며 웃는 사람
열차 안에서

벽에 낙서를 하는 사람
버스를 기다리며 벽을 긁는 사람
밥 먹을 때에도
벽을 노려보는 사람
화장실에 앉아
벽을 보고 분노하는 사람
벽과 이야기하다
갑자기 화를 내는 사람
오늘도 정신없이 벽 속을 탐닉하다
벽에 갇힌 지구 2012동

불안중
― 송현숙을 위로하며

얼굴에 핏기 없는 그녀가
아무런 이유 없이 오늘도 불안에 시달리는지
아침부터 손가락을 떤다
중요한 회사 업무가
급작스럽고 촉박하게 닥치면
그 불안은
문어발처럼 손가락으로 번지는지
그럴 때면 얼굴을 심하게 더듬는 버릇이 있다
불안과 초조는
퇴색된 자신의 분홍 입술을
손톱으로 잡아 뜯어내게도 하고
이빨로 그 손톱과
손톱 밑 맨살을 또 깨물어 뜯어
봉숭아 꽃물 들이듯 핏물을 드리다
스스로 방향감각을 잃어버리곤 한다
피를 두려워하지 않는 그녀
이런 손동작 하나하나까지
머리카락 한 올 한 올 휘날리는 것까지

내 눈에 읽히지 않는 것이 없는 그녀
그와의 첫 만남이 그리도 강열했던 것일까
강둑 미루나무에 기대어
지나가는 바람소릴 듣다가
고향의 우월했던 친구가
불안하게 떠오른 적이 있다
그녀의 불안중에
그 친구가 묘하게 겹쳐지는 이유는 무엇일까
나도 모르는 열등감이
봉숭아 꽃물처럼
내 손톱 밑에 배어 있었던 건 아닐까
사무실에
그녀가 키우는 해피트리 화분이
컴퓨터 부팅과 함께 시들시들 말라가듯
의자에 걸터앉은 그녀의 몸 또한
힘없이 윙윙 울어댄다
불안은 아마도
가슴속 깊은 곳에서 이미 활활 타오르고 있었나 보다

부이 buoy

염하수로 위에
붉고 둥근 부이가 꽃덩이같이 떠 있다
흙탕 속에 피어 있는 연꽃처럼
빠른 물살에도 유유하게
옆으로 조금 기울어져 있을 뿐이다
저 부이는
흐르는 역사를 묵묵히 지켜보고 있었던 것은 아닐까
혹,
물의 깊이를 조용히 재고 있는 것은 아닐까
아니면 오르내리는 바닷물 농도를
가늠하고 있는 것인가
흙탕물 밑바닥에 탯줄 같은 밧줄을 내리고
종일토록
거친 물살에 시달려도 표정 하나 변함이 없다
나도 저와 같은 부이가 몸속에 띄어져 있다
하지만 내 가슴 심장부이는 제멋대로다
너무도 민감해서
스스로도 가늠할 수가 없다

불혹의 나이에도
언제나 미세한 떨림은 남아 있어
그 수심 더욱더 짐작할 수가 없다
사랑하는 당신이
내 곁을 무심히 떠나갔을 때
나를 통제할 수 있는 장치가 전혀 없었다
좋은 시집 한 권 펼쳐 읽는 이 순간에도
격렬한 풍랑을 만난 것처럼 심하게 요동치고 있다
이 심장을
꼭 붙들어 매 둘 수 있는 밧줄은
아직 어디에도 없는 것일까
봄이 오면 또 격해질 것이다

엄동嚴冬

시방 창밖은
말발굽과 채찍 소리로 요란하다
깡말라 죽은 듯한 나뭇가지는
더 이상 참을 수 없었던지
스스로 창이 되어 드센 칼바람과 싸우고 있다
챙! 챙!
북창北窓에 울리는 소리
서로 물러설 수 없는 한판이다
번뜩이며 휘두르는 장검長劍 날처럼
별똥별은
검정 도포자락을 자르듯
북쪽 밤하늘을 쓱 베고 간다
상천上天에 울리는 쇳소리는
무속의 칼춤처럼
담벼락에도 어지럽게 부딪친다
북을 치며
설원雪原을 달리는 말발굽 소리가 가득한 밤
냉방 한구석에

이불 뒤집어쓰고 쭈그리고 앉아
이 전쟁이 빨리 끝나길 기다린다
창과 칼,
어느 편에 앉을 것인지
고관들처럼 눈치를 보거나 고민하지 않는다
어느 쪽으로 기울 것인지
두려워하지 않는다
파릇파릇한 봄의 정령이 오면
저 놈들도 곧
사뿟이 물러갈 것이다

폭설전쟁

결국
도로의 실선과 중앙선 경계는 무너졌다
밤이 깊도록 쑥떡거리더니
결전에 돌입한 도로의 출근길
누가 적이고 아군인지
서로를 경계하듯이 움직이는 자동차들
어느 쪽에서
공격을 당할지 모르는 무법천지
밤새 폭설이 매설한
빙판지뢰에 빠진 바퀴가
온몸을 뒤틀며 비명을 내지르고 있다
도로의 이곳저곳은 이미
파괴된 엔진과 파편들이 즐비하고
사람들은 발목지뢰를 탐지하듯
귀 기울이며 걷고 있다
사선이 무너진 도로와 골목에서
군인들이 백색가루와 사투를 벌이고 있다
인간성도 없다

제네바 협정도 없다
눈 폭탄에 맞아 찢겨진 소나무 가지들
붕괴된 비닐하우스
적들은 야간에 더 기승을 부릴 것이다

세상은
오직 백색벌판!
마지막 황홀한,
광란의 축제인가
人間의 욕망이 부려놓은 저격수의 눈이
지붕 위에서 반짝반짝 빛나고 있다

해동解凍

벼 거둬들이고
기단만 뾰족이 남아 있는
얼어붙은 어스름 논바닥에
청둥오리 떼가 수북히 앉아 있다
알을 품은 듯이 앉아 있다
논둑에 가만히 서서 숨죽이고 바라보니
오리 떼는
내려앉은 자리를 한참
엉덩이로 비벼대고 앉아 있다가
앞걸음이나 옆걸음으로 종종종 이동해
또 한자리 고쳐 잡고앉아
온몸으로 언 바닥을 비비고 비벼대고 있다
주변에 보이지 않는 모이를
쪼아 보기도하고
흩어진 지푸라기를 오리발과 주걱주둥이로
다시 헤쳐 놓기도 한다
이런 몸짓을 몇 번을 반복하고는
다른 논바닥으로 날아가 그물처럼

또 내려앉곤 한다
들판에 매서운 바람이 몰아쳐도
무슨 사명처럼
납덩이같이 가만히 앉아
겨우내 얼어버린 땅을 품고 있다
물방개 우렁이 불러내듯
자귀풀과 여뀌를
올챙이와 잠자리 유충을 불러내듯
청둥오리 떼는 저렇게
한겨울에도
언 땅을 해동이라도 하듯
엉덩이를 따뜻하게 비벼대며

일기도를 읽다

폐교가 된
시골 초등학교 한쪽 구석에
콘크리트 게시판이
고집불통처럼 완강하게 서 있다
한두 군데 달뜬 페인트 껍질이 너덜대기는 했지만
벽보에는 서툴게 그린
한반도와 중국대륙
섬나라 일본지도가 선명하게 남아 있다
저 각각의 나라에
등압선 같은 거미줄을 쳐놓은 거미들이
줄 한가운데에 웅크리고 앉아 날씨를 관망하고 있다
저놈들 기분이
고기압인지 저기압인지는 모르겠으나
다만 순한 바람만
등압선을 잠시 흔들고 지나갈 뿐
학생 없는
교정은 한없이 고요하다
지금은 거미와 나와의 팽팽한 줄다리기

이 순간
저 일기도 같은 그물망에
날벌레가 파문이라도 일으키면
떠나갔던 아이들이
자연 생태를 관찰하러 우레와 번개같이
우르르 다시 몰려 올 것만 같다
그러나 여전히
이 침묵을 깨뜨릴 기미는 없고
저 늙은 거미들도
바람을 가늠하는지 미동 또한 없다

슬픈 시

가끔은
이리 비가 내려줘서 고맙다
이렇게
비라도 내리지 않았다면
이 슬픔
어디에 감춰두고 살았을까
이 눈물
어디로 흘려보냈을까
당신이 갑자기
우리 곁을 떠나갔을 때에도
오늘같이
하염없이 비가 내렸다
지쳐가는 사무실에서
이유도 없이
끓어오르던 슬픔
문밖을 멍하니 바라보다
까닭 없이
솟구쳐 오르던 눈물

빗소리에
가슴이 젖지 않고
어찌 시를 쓸 수 있었을까
흐르는
고랑물 소리를 듣지 않고
앓는 가슴 어찌 삭힐 수가 있었을까
손등이 젖듯
무릎이 젖듯 오랜 시간 지나도
여전히 비는
내 마음을 적시는 마중 시다
추적추적
창밖에 내리는 비에
나의 시가 또 젖는다
이제는
세상을 바라보며
적당히 젖고
슬퍼할 줄 알아서 정말 고맙다

달무리를 풀어내면

달이 꿈을 꾸는 시간 나도 꿈을 꾼다

밤하늘에 떠 있는
호롱불빛 보름달
누가 저리도 은은하게
실뭉당이 달무리를 감아 올려놨을까
저 달무리에서
내 마음은 무엇을 풀어내고 싶은지
반시간이 넘도록
멍하니 바라보고 있다
그리움은 아마
둥근 원형原形으로부터 시작된 것은 아닐까
휘영청 밝은 달에
저리 달무리가 어리면 나는
꿈을 꾸듯 조심스레 그 끝을 당겨본다
밀감 빛이 술술 풀어져 나오듯
옛집 앞에서 가방을 메고 앙앙 울고 있는
어린 나를 경이롭게 마주하게 되리라

젊은 엄마와 아버지가
어르고 달래는 사랑을 보게 되리라
사람들이 왜 달을 보며
그리움을 찾게 되는지를 알게 되리라
달무리타래 속은
어머니 젖줄 같은 뜨신 끝이 이어져 있는
내 생의 발원지
달을 휘감고 있는
실뭉당이를 풀어보는 이 시간
저곳은
내 그리움이 가득 고여 있는
우물임을 다시 한 번 알겠다

안개

아침 일찍
현관문을 열고 나오니
환한 벽이 앞을 가로막고 있다
물방울의 벽
뜻밖에 나타난 벽이다
몸을 감싸며
나를 물방울로 만드는 벽,
때문에
한걸음도 앞으로 내디딜 수가 없다
이것보다 더
자유로운 구속이 어디 있을까
미술시간 누가
창밖을 흰 물감으로 칠을 하라고 했던가
벽을 더듬으며
계단을 내려가고 싶은데
선뜻 발걸음을 옮기지 못한다
안개는 주춤거리는 나를 잠시 침묵케 한다
이 갑작스런 침묵이

내 귀를 어디로 몰고 가는가
또각또각 영석이 어머니 하이힐 소리를
듣는가
할아버지 밭은기침을 듣는가
지붕을 타고 내려오는 고양이 울음을 듣는가
옛 기척을 가만히 엿듣다보니
다하지 못한 어떤 슬픔이
집 마당 안으로 스멀스멀 몰려든다
잔디밭에 다 내려놓지 못한
물방울은 아직도
허공을 서성이고 있다
멈춰선 나의 눈썹에도
어느덧 물방울이 맺히고

옥수수를 불면

비와
바람과
햇빛을 고스란히
제 살에 박아 놓은 옥수수
늙은 농부의 굵은 땀방울과
풀벌레의 울음을 그 위에 노랗게
또 촘촘히 새겨 넣은,
그 광활한 우주를 담은
옥수수를 손에 들고
밤하늘을 올려다보며
하모니카를 연주하듯 한입 베어 불면
밤하늘의 별들이 반짝반짝
입안에서 톡톡 터진다
호롱불처럼 따뜻하게 익은 옥수수를 보면
비좁은 방에
꼭 붙어살던 식구들이 떠오르고
아직도 땡볕에 혼자 앉아
밭을 매고 계실 어머니가 생각나고

옥수수밭에서
누이와 숨어 놀던 내가 마냥 그리워
나는 옥수수를
다시 한 번 움켜쥐고
'고향생각'
'오빠생각'을 한껏 불어재낀다
그러면 옥수수밭이
파도치며 물결치며 내 귓가에 몰려온다
날카롭게 휘두르는
장검長劍 날이 바람을 가르듯
기다란 옥수수 이파리가
오늘따라 나의 마음을 깊숙이 벤다

오늘 저녁에는

이리
바람 좋은 저녁에는
고막리 저수지에
산 그림자 들어와 잠기듯
어스름에 잠기고 싶다
물 위에 별 몇 점
참붕어가 찰방찰방 흐려놓고 가면
마음이 풀어지듯 풀어진
버드나무는 어느새
바지를 무릎께에 올리고
물가를 서성이는 아이처럼
까치발로 찰랑 찰랑대고
나는 그 곁으로 다가가
슬그머니 어깨를 기대고
마음을 기대고 같이 서 있으면
버드나무는 또
잔잔한 물 위에 이파리 하나
슬그머니 떨어트린다

그로 인해 내 마음의 호숫가는
파문 지고 물결 지는 메아리로 울어 대고
그 울음으로 해서
한 발자국도 움직일 수 없이 서서
우두커니
오늘 이 어스름 저녁을
그저
깊디깊은
검푸른 물속을 들여다보며
오래도록
별과 같이 출렁이고 싶은 것이다

해마루 식당에서

해마루 식당에 들어서니 어판장처럼 시끄럽다

갓 잡아 올린 물고기들이
파닥파닥 갑판을 치며 튀고 있다
찌든 수건을 목에 두른 아낙들이
뱃바닥에 주저앉아
분주히 물고기를 골라 가구에 쓸어 담고 있다

그 순간,
모든 것이 멈춰버렸다
파도 소리도
거친 숨도 비린내도 멈춰버렸다
동적인 모든 것들을 끌어당겨
그대로 멈춰버린 것이다
한 어부는 횟감을
초고추장에 찍으려다 멈춰버렸고
펄떡 뛰어오른 물고기는 공중에서 멈춰버렸다
출렁이는 바닷물도 튕기는 물방울도

투명한 유리구슬로
빛점으로 물비단으로 허공에 그대로 멈췄다
갑판 위에 서서 큰소리로
전화를 하던
선장의 말소리도 들리지 않는다
들려오는 것은
식당에서 먹고 마시고
시끄럽게 떠드는 우리들뿐이다

벽에 걸린 액자 속 외포항,
저 뱃사람들처럼
오래도록 고달픈 내 삶이
사방이 꽉 막힌
싸구려 액자 속 같은 생각에 머물러
이리 풀리지 않고 있는 것은 아닌지
술잔을 들고
어칠비칠 한참을 생각에 잠기는 것이다

반 토막

퇴근길,
집 앞에 도착해
차를 세우고 내리는데
길 건너 식당에서
사람 반 토막이 나온다
생선 반 토막도 아니고 사람 반 토막이다
하반신이 잘려나가
몸통이 다리인 외다리가
외다리를 좌우로 흔들며 걸어 나온다
흔들고 버둥대는 제자리인 걸음이 나오다
뒤늦게 따라 나온 아내인 듯한
얼굴 고운 아주머니 양손에
차분하고 조심스럽게 이끌려 나온다
몸통 아래를 싼 거적을
신발을 털듯 흙을 탈탈 털어내면서
아주머니는 반 토막을
공손하게 싸안아
현관에 놓아둔 휠체어에 가볍게 들어앉힌다

그 모습은 흡사
생의 깊은 그늘에서 울려오는
피아노협주곡에 맞춰
엄숙하고 익숙한 댄스를 추는 것 같아
몸이 얼어붙은 채 멍하니
그들이 추는 춤을 지켜보다
나는 아무 말 없이
볼펜을 꺼내어 그 노래를 받아 적었다

사막

거대한 점자책이다
누가
저 방대한 분량의 점자를
모두 탐독했다 말할 수 있겠는가
옛 몇몇 성인들도
이곳을 지나며
스스로 맞서 싸워
깨달음을 얻었다지만
삶, 그 전부를 깨우치진 못했으리라
이곳에서
독 품고 사는 곤충들은
아직도 모를 것이다
모래 위를
오체투지로 살아가고 있지만
끝없이 펼쳐진 점자를
절반도 읽어내지 못하고 이내
흔적조차 없이 사라진다는 것을
바람이

밤낮으로 울며 읽어내는 사막은
언제나 뜨겁고 차갑다
멀리서
저벅저벅 걸어가는 이 또 누구인가
뒤따르던 바람은
걸어간 발자국을
읽고 지우고 읽고 지우는데
살아간다는 것은
한없이 걷는 일이라는 것을
이곳에 사는 사람들은 다 안다
그러니
내 삶을 찾는 일도
사막을 끊임없이 걷는 일일 것이다

중년의 만남

세월 보폭이 그리 컸던 탓일까
바쁘게 사는 동안에도
가끔은 건너 들어
그는 막노동을 하고 있다고 했다
입 벌린 낡은 신발처럼
누런 이가 벌어져 그의 고단함이 들락거렸고
혈색 좋던 얼굴은
향기 좋던 모과처럼 시들어가고 있었다
그도 누구의 아버지가 되었고
누구의 남편 누구의 이웃이었다
가끔 식솔들과 낡은 거죽을
찜질방 불가마 속에 넣고 주룩주룩
팥죽 같은 땀을 흘려주며 살아가는 것만이
작은 소망이고 기쁨이 되었다고 한다
삶이란 이런 것이었던가
반평생 허리 굽혀 벽돌을 쌓아 올리듯
우리 또한 층층이 낡아가야 하는 것이
치매에 걸려

늘 집 앞 또약볕에 앉아
아무도 알아보지 못했던
내 아버지를 바라보는 아픔이 거기 있었다

두루미

흰 저고리
검정 치마에
홀로 이삭을 줍는
너른 들판의 늙은 아낙
검붉은 비바람에
앞 고름이 뜯겨졌나
멀리서도 긴 목 아래
붉은 살이 훤히 드러나 보인다
쓰레기를 줍듯이
허리를 굽히며 한 걸음
하늘을 올려다 보다
공장이 들어선
들판을 천천히 둘러보다
깊은 생각에 잠긴 듯
힘겹게 또 한걸음
자신이 병든 줄도 모르고
새끼를 생각하는 어미의 보폭으로
허허로운 들을 걷는
저 넝마주이

■ 해설

참신하고, 날카롭고, 약동적인 직선과 정신의 조화

이지엽 (경기대학교 국어국문학과 교수·시인)

　시의 두 축을 묘사와 진술로 볼 때 김근열 시인의 작품들은 묘사가 주종을 이루고 있다. 사물에 대한 묘사는 물론 사회에 대한 비판을 할 때도 시적 묘사를 통해 이를 시도한다. 시의 본류에 충실하다고 할 수 있다. 동시에 그의 시들은 건강하다. 풋풋하고 약동적이다. 선들이 살아 있으며 경계가 명확하다. 나는 그를 아직까지 본 적이 없지만 분명 태도가 분명하고 삶의 에너지가 충일한 사람일 것이다. (이렇게 쓰고 난 후에 그를 보았다. 생각한 대로였다. 글이 사람을 그대로 반영하고 있음을 다시 한 번 느끼지 않을 수 없었다.) 그의 시에는 그런 움직임과 정신이 잘 나타나 있다.

1. 동적 이미지의 참신성과 탄력성

　발끝을 곧추세워// 외발로 턴을 하듯// 빙그르르// 순풍에 날아오르는// 민들레 홀씨 하나　　　　－「발레리나」 전문

민들레 홀씨가 날아오르는 과정을 "발레리나"가 연기하는 모습으로 형상화하였다. 일어나고 있는 동작을 마치 슬로우 비디오를 보듯이 차분하고 정교하게 그려내고 있다. 묘사는 대개 이미지와 비유를 통해 나타내는데 대개 구상은 추상으로 추상은 구상으로, 역逆을 택하는 경우가 많다. 민들레 홀씨가 날아오르는 것은 구상의 동작이니 구상으로 가는 것이 여간해서는 어렵다. 구상은 이미 우리들의 사유 속에 아주 구체적인 기억을 가지고 있기 때문에 또 다른 구상으로 그것을 그려내기 위해선 상당한 숙련이 요구된다. 원관념과 보조관념의 거리가 짧으면 십중팔구 실패하기 쉽다. 적당한 거리 이상으로 떨어져야 가능한데 여기에서는 이를 발레리나의 동작으로 그려냄으로써 독자로부터 설득력을 얻는데 성공하고 있다. "발끝을 곧추세워// 외발로 턴을" 할 수 있는 것은 전문가가 아니면 하기 어렵고, 또 그만한 비유의 대상을 다른 동식물에서 찾기 어려우니 이와 유사한 동작이 가능한 전문인이 절대적으로 필요했으리라.

쇠망치로 달군// 붉은 말발굽// 전속력으로 달려간다//

오늘도// 가난한 자의// 뒤꿈치가 단단해져간다
― 「석양」 전문

석양의 모습을 "가난한 자의 뒤꿈치가 단단해져"가는 것으로 그려낸다. '단단하다는 것'과 단단'해져간다'는 것의 두 느낌이 간단하게 느껴지지는 않는다. '단단하다는 것'은 '뒤꿈치'와 조응을 이루면서 노동으로 단련된 일상이라는 것을 보여준다. 앞서 기술된 "쇠망치로 달군// 붉은 말발굽"과 전속력의 질주가 갖는 무게감과 속도감이 여기에 보태져 단단함을 더욱 견고하게 만들어준다. 또한 단단'해져간다'는 것은 그냥의 상태가 아니라 점점 깊어간다는 것을 의미한다. 어둠으로의 진행을 보여주면서 제목과의 일체감을 높이고 있다. 김 시인의 사물에 대한 묘사력이 탄탄한 점은 힘이 느껴진다는 점이다. 인용한 두 작품 모두 동적이다. 「석양」같은 정적 소재도 스피드한 상황을 연출해낸다. 이는 김 시인만이 갖는 장점이 될 수 있다. 다음의 작품에도 이점이 잘 나타난다.

시계바늘이/ 또각또각 걸어간다 이 밤도/ 하이힐을 신은 버림받은 여자가/ 무심코 내딛는 굽 소리/ … (중략) … / 밤이 깊으면/ 깊을수록 가슴을 울리는 초침소리/ 떠나가신 빈자리가 하도 무서워/ 한동안 울지도 못했을 방에/ 이제는 우리가 남아/ 벽을 타고 들려오는 발소리을 듣는다/ 멈추지 않는 저 소리에 오늘 누가 또/ 떠 나 셨 다/ 모로 누운 좌심방에서/ 나를 대신하여 누가 울고 있다

― 「시계소리」 부분

똑딱똑딱 정도로 인식하던 시계소리를 "하이힐을 신은 버림받은 여자가 무심코 내딛는 굽 소리"나 "아버지

먼저 가신 강변길에 핀 노란 복수초 그 꽃잎 닮은 벽지를 밤새 손가락으로 톡톡 긁어 따내"는 소리 혹은 "벽을 타고 들려오는 발소리"나 울음소리로 그려낸다. 시각보다는 청각이 더 동적이라는 점을 상기해보라. 시각 이미지에서도 움직임 있는 동적 이미지를 택하고 청각 이미지를 쓰는 것은 독자들의 환기력을 높이는 동시에 시의 탄력성을 높이는데 기여한다.

  군하리 골목길은/ 내 몸의 실핏줄과 같습니다/ 우리 동네 골목길은 특히 좁아/ 걷다보면/ 얼기설기한 길이 꼭 모세혈관 같습니다/ 이웃집 숭민이네 옆길을 지날 때면/ 텃밭에서 기어 나온/ 호박 넝쿨을 지렁이 밟듯이/ 질겅질겅 밟기도 합니다/ … (중략) … / 영철이 할머니가/ 꽃 대신 화분에 고추를 심어놓고/ 굴뚝 곁에 LPG통을 두고 같이 사는 곳/ 서연이네 감나무는/ 늙은 호박을 석양처럼 매달고 있어/ 저녁 퇴근길은/ 어스름 골목을 걷고 있지만/ 실상은 환한/ 詩집 속을 걸을 때가 많습니다
                                                                    - 「詩집 속을 걷다」 부분

시적 자아가 일상을 보내는 곳이 바로 군하리인데 이곳의 퇴근길 풍경이 선하게 묘사되고 있다. 누구네 집이고 그 집의 형편이 어떠한가가 훤히 들여다보이는 말하자면 인간의 풍정風情이 넘치는 골목의 어스름이 세필로 묘사되고 있다. 우리는 이 시의 마지막 대목에서 시적 자아가 견지하고자 하는 근본적인 문학의 자세를 읽을

수 있다. "어스름 골목을 걷고 있지만" 그것을 "환한/詩집 속"이라고 생각하는 자세다. "어스름 골목"은 얼키설키 엉킨 좁고 누추한 길이다. "텃밭에서 기어 나온 호박넝쿨을 지렁이 밟듯이 질경질경 밟기도" 하는 길이고, "꽃 대신 화분에 고추를 심어놓고 굴뚝 곁에 LPG통을 두고 같이 사는 곳"이기도 하다. 말하자면 하층민들의 삶이 그대로 묻어나는 곳이라 할 수 있다. 그러나 이곳을 시인은 환하게 긍정적으로 인식한다. 여기에 마치 삶의 진정한 가치가 있고 희망과 사랑이 있다고 신뢰한다. 이 진정한 시민정신이 시인의 정신세계를 떠받치는 주춧돌인 셈이다.

2. 기상奇想의 발상과 현실에 대한 극적 비판

비 내리는 오후/ 전깃줄에/ 비를 맞고 앉아있는/ 참새 한 마리를 바라본다// 비바람,/ 이 난관을/ 어떻게 극복할 것인가/ 생각에 잠긴 듯// 질퍽한/ 한 세상을/ 온 몸이 젖어 내려다보고 있다// 보험금 때문에/ 엄마와 상의했다며/ 아들이 엄마를 죽인 패륜에/ 남편은 아내를 죽여/ 10년 동안 박스에 밀봉해/ 집안 깊숙이 보관했다는/ 어제의/ 그 두려움 때문일까/ 순간,/ 부르르 몸을 떨며 목을 움츠리는 참새// 새대가리로는/ 도저히 이해할 수 없다는 듯/ 먼 산을 보며/ 세차게 머리를 흔든다

─「새대가리로는」 전문

시인은 또한 사회 현실에 대한 강한 비판을 서슴지 않는다. "보험금 때문에……아들이 엄마를 죽인 패륜"적인 범죄가 일어난 현실을 목도한다. 이 믿기지 않는 현실을 믿을 수 없다고 "새대가리로는/ 도저히 이해할 수 없다는 듯/ 먼 산을 보며/ 세차게 머리를 흔든다" 새를 통해 그려낸다. 말하자면 새들조차도 이러한 패륜적 범죄가 일어난 상황을 이해하기 힘들다는 것이다. 그런데 이 시의 묘미는 시의 구성이다. 1연에서 3연까지는 새의 모습을 그리고 있는데 전혀 감을 잡을 수 없게 하다가 모든 내용을 4연에 집약시키고 5연에서 마무리를 하고 있는 것이다. 말하자면 작품의 후반부에 극적인 효과를 밀집시킴으로써 독자로 하여금 강렬한 느낌을 받도록 하고 있는 것이다. 극적인 효과는 사건이나 사물의 요체가 여기에서 비로소 본의를 드러내고 동시에 주제의식이 이 부분에서 응축되게 되는 것으로 나타나기 마련이다. 그런 의미에서 극서정시劇抒情詩라 할 만하다. 특히 이 작품은 새가 그렇게 비를 맞고 생각에 잠겨 세상을 바라보는 이유에 해당되는 부분을 3연씩 배치함으로써 상당히 여유 있는 공간배치를 하고 있는 점이 주목된다. 시를 읽는 여유를 확보하게 하면서 동시에 단숨에 주제의식에 도달하게 하는 기폭제 역할을 하고 있는 것이다.

콜라병 속에는 개구리가 산다/ 동네 구멍가게 선반 위나/ 우리 집 냉장고 속에/ 조용히 웅크려 있는 알들/ 저 캄캄한 콜라 속에는/ 눈에 보이지 않는 놈들이/ 숨죽여 살고 있다/

외지에서 들어온 놈/ 모습을 드러내지 않고/ 암살자처럼 물속에 숨어 있다/ 놈들은/ 서서히 우리 뼈를 갉아 먹고 있다/ 뻥!/ 무심코 병뚜껑을 따고/ 함부로 컵에 따르자/ 알을 깨고/ 뛰어오르는 울음소리/ 손등을 타고 오소소 울음이 돋고/ 토도독/ 입속에서 싸하게 울음이 튄다/ 오싹한 울음의 독이/ 온몸으로 퍼져가고 있다

―「개구리울음」 전문

콜라병 속에는 개구리가 산다는 것은 거의 기상奇想에 가까운 발상이다. 마치 형이상학파 시인들의 시를 보는 느낌이다. 형이상학파 시인들은 주지하다시피 엘리자베스 시대의 낭만적인 인습에서 벗어나서 페트라르카풍의 기상(conceit)과 감미로운 표현을 버리고 엉뚱한 심상과 교묘한 논리를 바탕으로 한 새로운 기상을 채택하여 거친 대화체 언어와 율격으로 시를 쓴 일군의 시인들을 지칭하는 용어다. 그런데 김 시인의 작품은 이들의 작품보다 훨씬 섬세하고 서정적이다. 새로운 발상도 발상이지만 이를 제국주의의 교묘한 상술로 그려내고 있는 과정이 치밀하고 조직적이다. 대개 새로운 발상은 서정적인 것이나 치밀한 것과 양립하기 힘들다. 왜냐하면 새로운 발상 자체가 갖는 진폭이 크기 때문에 이에 몰두하다보면 대개 다음의 단계인 치밀성에 소홀하기 쉽기 마련이기 때문이다. 그런데 차분한 시인들의 경우는 이 치밀하고 조직적인 부분에까지는 나아간다. 이를테면 형이상파의 대표적 시인은 존단(John donne)의 시 「고별사 ― 슬

피함을 금하는」(「A Valediction: Forbidding Mourning」)이라는 작품에는 부부간의 사랑을 다음과 같이 비유하였다.

>If they be two, they are two so
>>As stiff twin compasses are two;
>
>Thy soul, the fixed foot, makes no show
>>To move, but doth, if th' other do.
>
>And though it in the center sit,
>>Yet when the other far doth roam,
>
>It leans and harkens after it,
>>And grows erect, as that comes home
>
>Such wilt thou be to me, who must,
>>Like th' other foot, obliquely run;
>
>Thy firmness make my circle just,
>>And makes me end where I begun.

만일 우리의 魂이 둘이라면, 그들은 둘이오
  마치 뻣뻣한 두 콤파스 다리가 둘인 것처럼.
당신의 魂은, 固定된 다리여서, 움직일 기색도
  안 보이지만, 다른 다리가 움직이면, 움직이오.

그리고 그것은 비록 중심에 位置하지만,

다른 다리가 멀리 徘徊하면,
그것은 기울고 다른 다리를 따라 傾聽하오,
그리고 그것이 歸家함에 따라 꼿꼿이 서오,

당신도 이와 같으리, 다른 다리처럼
비스듬히 달려야 하는 나에겐
당신의 確固함이 나의 圓을 정확히 그리고,
내가 시작한 곳에서 나를 끝나게 하오.

부부간의 사랑을 컴퍼스의 두 다리에 비유하되 이를 절묘하게 자신이 외국에 출장 가서 집에까지 돌아오기 과정을 하나하나씩 치밀하게 연결하고 있음을 본다. (놀라운 것은 이 작품이 400년 전의 작품이라는 사실이다.) 그렇지만 이 경우라 할지라도 존단(John donne)의 작품이 대부분 그러듯이 드라이하다. 서정성까지 내포한 촉촉한 물기가 있는 작품에까지는 이르지 못했던 것이다. 그런데 김 시인의 이 작품은 그런 염려까지도 가볍게 뛰어넘고 있다.

병 속 공간 – 시각적 위주 이미지 : 알이 살고 있음 – 눈에 보이지 않음 – 숨죽여 몰래 살고 있음 – 외지에서 들어온 이국산임 – 암살자임 – 우리의 뼈를 갉아 먹음

병 바깥 – 시각적·촉각적 이미지 : 알을 깨고 울음소리 뛰어 오름 – 손등을 타고 오소소 울음이 돋음 – 토도독 입속에서 싸하게 울음이 튐 – 독이 온몸으

로 퍼져감

 병 속과 병 바깥의 단계별 진행이 아주 치밀하게 직조되어 있다. 알이 살고 있는 것으로 시작해서 이것이 우리 몸으로 들어와 독으로 퍼져나가는 과정까지를 아주 촘촘하게 틈새 없이 엮어나가고 있는 것이다. 더욱이 이 작품의 서정성은 이미지를 주된 표현기법으로 하고 있으면서 정적 이미지에서 동적 이미지로 전환하고 있는 점에서 더욱 두드러지게 나타나고 있다고 볼 수 있다. 사회적이거나 경제적인 현상과 관련하여 이를 비판한 작품은 무수하지만 이를 치밀하게 더욱이 서정이 생생하게 살아 있는 작품으로 승화시킨 경우는 우리 시단에 거의 없었다고 해도 과언이 아니다.

3. 확장 은유의 시상과 생래적인 건강성

 김근열 시인의 작품은 또한 생래적으로 건강성이 아주 뛰어나다. 이점은 앞서의 묘사력을 살피는데서 정적인 소재까지도 동적 이미지를 그려내는 것과 결코 무관하지 않다.

 빛을/ 살로 만드는 나무가 있다/ 하늘로 쭉쭉 뻗은 나무들/ 빽빽한 굴참나무 숲길을 걷다보면/ 나뭇가지 이파리 사이사이로/ 수십만 개의 빛발이/ 번쩍, 번쩍!/ 날카로운 화살이 되어 쏟아져 내린다/ 퍽! 퍽!/ 땅속에 무수히 박히는 살/ 당신의 회초리 같은 살/ 저 살을/ 의연히 맞거나 맞지 않으며/ 산길을 한걸음 한걸음씩 오를 때마다/ 지친 몸에 채찍을 가하듯이/ 어깨와 등짝을 후려친다/ 이내 허물어져가던 몸이/ 대지의 가슴과 함께 뜨거워진다/ 숲 속 깊이 들어가면 갈수록/ 어딘지 모르게/ 마음이 뭉클해지는 이유가 있다/ 때마침/ 땅 위로 푸른 촉이/ 피처럼 솟구쳐 오르고 있다

— 「빛살」 전문

우리가 일상 가운데 거의 아무런 느낌 없이 받아들이는 햇빛을 살아 있는 나무로 보여준다. 그 나무는 "수십만 개의 빛발이" "날카로운 화살이 되어" 쏟아지는 나무다. 시상은 〈빛살 → 화살 → 살 → 채찍 → 푸른 촉 → 피〉로 전개된다. 몸 바깥에서 마음의 뭉클함으로 내면화되는 과정을 밀도 있게 그려내고 있는 것이다.

우리 시문학의 경우 비운의 모더니스트였던 편석촌片石村 김기림의 시 작품이 그러하였다. 『태양의 풍속』이라는 시집에서 '태양'을 지향하는 정신으로 잘 압축할 수 있는 그의 시편들은 아침과 오전과 빛의 시학을 추구했다. 식민지 시대에 감상과 니힐리즘에 빠지지 않기 위함이었다. 그러나 건강성과 명랑성을 너무 강조한 나머지 다소 생경한 단점이 있다. 그러나 김 시인의 작품은 약동하는 젊음이 느껴지면서 편안하게 다가온다. 이유는 이미지와 비유를 통한 시적 대상에 대한 육화肉化 능력이 있기 때문이다.

퇴근길,/ 집 앞에 도착해/ 차를 세우고 내리는데/ 길 건너 식당에서/ 사람 반 토막이 나온다/ 생선 반 토막도 아니고 사람 반 토막이다/ 하반신이 잘려나가/ 몸통이 다리인 외다리가/ 외다리를 좌우로 흔들며 걸어 나온다/ 흔들고 버둥대는 제자리인 걸음이 나오다/ 뒤늦게 따라 나온 아내인 듯한/ 얼굴고운 아주머니 양손에/ 차분하고 조심스럽게 이끌려 나온다/ 몸통아래를 싼 거적을/ 신발을 털듯 흙을 탈탈 털어내면서/ 아주머니는 반 토막을/ 공손하게 싸안아/ 현관에 놓아둔 휠체어에 가볍게 들어앉힌다/ 그 모습은 흡사/ 생의 깊은 그늘에서 울려오는/ 피아노협주곡에 맞춰/ 엄숙하고 익숙한 댄스를 추는 것 같아/ 몸이 얼어붙은 채 멍하니/ 그들이 추는 춤을 지켜보다/ 나는 아무 말 없이/ 볼펜을 꺼내어 그 노래를 받아 적었다

─「반 토막」전문

이 작품의 소재는 상당히 비극적이다. "생선 반 토막도 아니고 사람 반 토막"인 "하반신이 잘려나가 몸통이 다리인" 사람의 비극적인 일상을 담담하게 적고 있다. 그런데 시인은 이 비극적 이야기를 일시에 환한 이야기로 바꾸어준다. 그것은 아주머니가 "반 토막을/ 공손하게 싸안아" "휠체어에 가볍게 들어앉"히었기 때문인데 이 공손함의 모습을 시인은 생의 깊은 "피아노협주곡"과 "엄숙하고 익숙한 댄스"에 비유하면서 이들의 춤을 극도의 경의를 표하고 있다. 이 극진한 경의로 인해 주

변은 오히려 숙연해지고 침묵 속에 경건함을 느끼게 하고 있다.

  무슨 이밥 같은 말씀들을 앙다물고 있는지/ 골똘히 무슨 생각에 잠겨 있는지/ 우리 집 싱크대 한쪽 구석 가부좌 틀고/ 면벽수련 중인 밥통부처/ 우리에게 떠 먹여줄 한 숟갈 설법을 궁리 중인지/ 오늘도 아무 말이 없다/ 침묵이 설법인지 설법이 침묵인지/ 세상을 말없이 살라고 하는 것인지/ 산다는 것이 원래부터/ 침묵하며 내공을 쌓으라고 하는 건지/ 그도 깨달음을 얻었는지 문득 궁금해지는데/ 갑자기 머리통에서 한 김 뿜어내며 일갈!/ 다시 입을 다문다/ 사람들은 왜 못난 사람을 밥통이라고 했던 것인지/ 지금 이 순간 왜 그 생각이 나는 것인가/ 밥통, 그 한 굉음으로 득도라도 했단 말인가/ 궁금이 궁금을 불러오는데/ 마누라,/ 스님의 뜨거운 모가지를 획 꺾더니/ 사리 같은 고봉밥/ 척하니 식탁에 올려놓는다/ 아! 바라보기만 해도 마냥 배가 부른/ 새하얀 그 말씀
                                                  —「압력, 밥통」 전문

이 작품의 묘미는 밥통에서 밥이 다 되었을 때 더운 김이 일시에 뿜어져 나오는 것을 나는 김이 "갑자기 머리통에서 한 김 뿜어내며 일갈!/ 다시 입을 다문다"라고 묘사하고 나서 "못난 사람을 밥통"에 비유한 것을 상기하면서 이를 다시 "밥통, 그 한 굉음으로 득도라도 했단 말인가"로 절묘하게 연결시키고 있다. 더욱이 "가부좌" "면벽수련" "밥통부처" "한 숟갈 설법" "내공" "일갈!"

"스님" "사리" "말씀"으로 이어지는 불교와 관련된 확장은유는 상당한 내공이 없으면 불가능하다. 동시에 그의 작품들은 더운 김이 뿜어져 나오고 뜨끈뜨끈한 기운이 넘치는, 건강한 약동성이 넘치고 있다. 얼른 글 바깥으로 나가 따뜻한 밥 한 공기를 같이 나누고 싶은 생각이 들기도 한다.

우리는 지금까지 김근열 시인의 작품을 살펴보았다. 김 시인의 작품은 이미지와 비유의 시적 묘사가 좋고 사회에 대한 비판 정신을 가지면서 동시에 거의 천부적인 건강성을 가지고 있다. 이 세 가지의 특성이 유기적으로 잘 조화를 이루고 있다. 이 글을 마치면서 한 가지만 부탁드린다. 너무 강직하면 부러지기 쉽다. 앞으로 유념해야 할 덕목이다. 잘 갈무리해 온 서정성을 살리면 충분히 이에 대한 파고를 넘어설 것이다. 부디 우리 시단의 큰 시인이 되어주길 바란다.

김근열

1966년 충남 공주 출생.
경희사이버대 미디어문예창작학과 졸업.
『영남문학』 신인상 등단.

열린시학 시인선 97

콜라병 속에는 개구리가 산다

초판 1쇄 인쇄일 · 2013년 11월 21일
초판 1쇄 발행일 · 2013년 11월 29일

지은이 | 김근열
펴낸이 | 노정자
펴낸곳 | 도서출판 고요아침
편집장 | 이세훈
편　집 | 김상훈

출판등록 2002년 8월 1일 제 1-3094호
120-814 서울시 서대문구 북가좌동 328-2 동화빌라 102호
전　화 | 02-302-3194~5
팩　스 | 02-302-3198
E-mail | goyoachim@hanmail.net
홈페이지 | www.dabook.net

*책 가격은 뒤표지에 표시되어 있습니다.
*이 책의 판권은 지은이와 고요아침에 있습니다.
　이 책 내용의 전부 또는 일부를 재사용하려면 반드시 양측의 서면 동의를 받아야
　합니다.

ISBN 978-89-6039-575-6 (04810)
ⓒ 김근열 2013